Wissenschaftlicher Name:
Hyla meridionalis
Familie: Laubfrösche.
Kennzeichen: 3,5–5 cm.
Meist leuchtendgrüne
Oberseite, Finger- und
Zehenspitzen mit Haftschei-
ben. Männchen mit rötlich-
brauner, Weibchen mit wei-
ßer Kehle. Unterscheidet
sich vom Europäischen
Laubfrosch durch einen kür-
zeren, bereits oberhalb der
Vorderbeine endenden,
schwarzen Seitenstreifen.
Lebensweise: Wie Europäi-

scher Laubfrosch, seine Ruf-
frequenz ist jedoch deutlich
langsamer (1mal statt 3- bis
6mal pro Sekunde).
Nahrung: Vorwiegend Fluginsekten.
Lebensraum: Büsche,
Bäume, Schilf, flaches, dicht
bewachsenes Wasser. Er
entfernt sich im Sommer
zum Teil weit vom Laich-
gewässer.
Verbreitung: Südfrankreich,
äußerster Norden und
Süden der Iberischen Halbinsel.

Europäischer Laubfrosch

Wissenschaftlicher Name:
Hyla arborea
Familie: Laubfrösche.
Kennzeichen: 3,5−5 cm. Die Oberseite ist meist leuchtendgrün, kann aber je nach »Stimmung« gelblich, braun, grau oder fleckig sein. Meist ist er an die Farbe des Untergrundes so gut angepaßt, daß man einen stillsitzenden Laubfrosch kaum bemerkt. Vom Auge führt ein schwarzer Streifen entlang der Flanken bis zur Hüfte. Die rötlich-

braune Kehle des Männchens kann durch die inneren Schallblasen weit aufgetrieben werden (rechtes Bild). Die Kehle des Weibchens ist weiß. Die Haftscheiben an Zehen und Fingern sind charakteristische Merkmale der ganzen Familie.
Lebensweise: Vorwiegend nachtaktiv, wärmeliebend. Er laicht erst im späten Frühjahr in kleinen, dichtbewachsenen Gewässern. Der meist nächtliche, laut

dröhnende Chorgesang ist auch noch nach der Paarungszeit zu vernehmen. Tagsüber sonnt er sich oft ruhig und eng zusammengekauert auf Blättern von Büschen und Bäumen. Der geschickte Kletterer hält sich mit den Haftscheiben der Zehen und Finger und der feuchten Bauchhaut auf glatten Oberflächen fest. Entgegen dem weitverbreiteten Volksglauben ist der Laubfrosch nicht in der Lage, Wetter vorherzu-sagen. Er steht unter strengstem Naturschutz.

Nahrung: Vor allem Fluginsekten, die oft im Sprung zielsicher erbeutet werden..

Lebensraum: Büsche, Bäume, Schilf und während der Fortpflanzungszeit flaches, dichtbewachsenes Wasser.

Verbreitung: Fehlt in Europa nur auf den Britischen Inseln, in Nordeuropa, den östlichen Teilen der Iberischen Halbinsel und Südfrankreich.

Grasfrosch

Wissenschaftlicher Name:
Rana temporaria
Familie: Frösche.
Kennzeichen: 6–10 cm.
Plumper Körper mit kurzen
Hinterbeinen und stumpfer
Schnauze. Leicht mit dem
Moorfrosch zu verwechseln.
Die Oberseite ist auf gelb-,
rot- oder dunkelbraunem
Grund unregelmäßig dun-
kel gefleckt, die helle Unterseite nur leicht marmoriert.
Während der Paarungszeit
erkennt man das Männchen
an den dicken Unterarmen,
den »Brunstschwielen«
(dunkle, rauhe Flächen an
den Daumen) und der
schwabbeligen Haut
(Ansammlung von Lymph-
flüssigkeit).
Lebensweise: Tag- und
nachtaktiv. Oft schon im
Herbst versammeln sich die
Grasfrösche in der Nähe
des Laichgewässers, um
dann im Frühjahr bereits
während der Schnee-
schmelze die großen, auf-
fälligen Laichballen ins Eis-
wasser ablegen zu können.

Sie begnügen sich oft mit kleinen Wasserlöchern und Gräben. Bei Massenwanderungen zu den Laichplätzen fallen viele von ihnen dem Straßenverkehr zum Opfer. Die Balzrufe bestehen aus einem unauffälligen Grunzen. Nach der Laichzeit entfernen sie sich oft weit vom Wasser, kehren aber jedes Frühjahr in dasselbe Laichgewässer, in dem ihre Larvenentwicklung stattgefunden hat, zurück. Der Grasfrosch überwintert am Grund der Laichgewässer oder im Erdreich.

Nahrung: Gliedertiere, Würmer, Schnecken.

Lebensraum: Sehr anpassungsfähig. Er ist von der Ebene bis ins Hochgebirge, vor allem in feuchten Wiesen und Wäldern zu finden.

Verbreitung: Häufigster mitteleuropäischer Frosch, fehlt nur in Südeuropa, erreicht aber als einzige Art das Nordkap.

Moorfrosch

Wissenschaftlicher Name:
Rana arvalis
Familie: Frösche.
Kennzeichen: 6—8 cm. Seine gelbliche oder bräunliche Oberseite ist mit dunklen Zeichnungen versehen. Der Moorfrosch läßt sich schwer vom Grasfrosch unterscheiden, er ist aber zierlicher, besitzt eine spitzere Schnauze und trägt am Rükken mehr oder minder deutlich ausgeprägte helle, dunkel gefaßte Längsstreifen (linkes Bild). Der helle Bauch ist meist zeichnungslos. Während der Paarungszeit ist das Männchen durch kräftige Unterarmmuskulatur, rauhe, schwarze »Brunstschwielen« an den Daumen (zum Festklammern am Weibchen) und durch schwabbelige Haut (Ansammlung von Lymphflüssigkeit) gekennzeichnet. Einzelne Männchen verfärben sich zu dieser Zeit sogar hellblau (rechtes Bild). Gras-, Moor- und Springfrosch werden als *Braunfrösche* bezeichnet.

Sie unterscheiden sich von den *Grünfröschen* (S. 12–15) u. a. durch das Vorhandensein eines dunkelbraunen Schläfenfleckes.

Lebensweise: Tag- und nachtaktiv. Legt bereits im zeitigen Frühjahr seine großen Laichklumpen in meist kleine, zum Teil sogar temporäre Wasseransammlungen. Sein unauffälliger Balzruf erinnert an den Ton, der beim Austreten der Luft aus einer untergetauchten Flasche entsteht.

Nahrung: Kerbtiere, Würmer oder Schnecken werden mit der herausklappbaren Zunge oder den Kiefern erbeutet.

Lebensraum: Während des ganzen Jahres an feuchten Biotopen wie Moore, sumpfige Wiesen und feuchte Auwälder des Flach- und Hügellandes gebunden. Er entfernt sich nur wenig vom Laichgewässer.

Verbreitung: Osteuropa sowie Teile Nord- und Mitteleuropas.

Springfrosch

Wissenschaftlicher Name:
Rana dalmatina
Familie: Frösche.
Kennzeichen: 5–9 cm. Der grazile Springfrosch ist von Moorfrosch und Grasfrosch vor allem durch seine langen Hinterbeine zu unterscheiden, die, vorsichtig nach vorne geklappt, mit ihrem Fersengelenk deutlich über die Schnauzenspitze ragen (bei Gras- und Moorfrosch nur bis zur Schnauzenspitze). Die Oberseite ist gelblich bis rötlich- oder graubraun, mit spärlicher Zeichnung. Dadurch tritt der für *Braunfrösche* typische dunkle Schläfenfleck deutlich hervor. Während der Fortpflanzungszeit dominieren dunkelbraune Farbtöne. Die Unterseite ist weiß. Das große Trommelfell liegt dicht hinter dem Auge.
Lebensweise: Tag- und nachtaktiv. Sehr agiler Frosch, der mit Hilfe seiner langen Hinterbeine bis zu 2 m weit springen kann.

Laicht im Frühjahr in kleinen Gewässern der Wälder oder angrenzender Wiesen in Klumpen ab. Sein Balzruf ist unauffällig, er besitzt keine Schallblase. Hält sich nur kurze Zeit im Wasser auf. An heißen Tagen zieht er sich in dichte Vegetation zurück.

Nahrung: Kerbtiere, Würmer, Schnecken.

Lebensraum: Sumpfige Wiesen, vor allem aber lichte Laubwälder, die im Sommer sogar recht trocken sein können. Seine Färbung ist besonders gut an die des Fallaubes angepaßt.

Verbreitung: Europa außer Iberische Halbinsel, Britische Inseln und Nordeuropa. Am Balkan, in Italien und im Nordwesten der Iberischen Halbinsel leben noch drei weitere langbeinige Braunfrösche, die leicht mit dem Springfrosch verwechselt werden können.

Wissenschaftlicher Name:
Rana ridibunda
Familie: Frösche.
Kennzeichen: 12–17 cm.
Kräftiger Frosch mit grüner,
graubrauner, meist aber
olivfarbener, schwarz
gefleckter und für Frösche
relativ warziger Oberseite.
See-, Teich- und Wasser-
frosch werden als *Grün-
frösche* bezeichnet. Sie
unterscheiden sich von den
Braunfröschen durch das
Fehlen des dunklen Schlä-
fenflecks, das Trommelfell

ist jedoch deutlich hervor-
gehoben. Das Männchen
besitzt äußere graue Schallblasen (rechtes Bild).
Lebensweise: Tag- und
nachtaktiv. Streng ans Wasser gebunden. Lebt gesellig
und ist häufig beim Sonnen-
bad am Ufer zu beobach-
ten. Bei Gefahr springt er
mit einem lauten »Platsch«
ins Wasser und vergräbt
sich im Schlamm. Es dauert
dann einige Zeit, bis er wieder auftaucht und mit
gespreizten Hinterbeinen an

der Wasseroberfläche »hängt« (linkes Bild). Der keckernde und knarrende Chorgesang ist auch außerhalb der Paarungszeit (Spätfrühling) Tag und Nacht weithin zu hören. Die Laichballen sind unauffällig. Der Winter wird im Schlamm vergraben oder in frostsicheren Lücken der Uferböschung verbracht.
Nahrung: Kerbtiere, Würmer, Schnecken, aber auch kleine Wirbeltiere, selbst Kleinsäuger. In Teichwirt-

schaften wird er als Fischräuber verfolgt.
Lebensraum: Im Uferbereich aller warmen Gewässer des Flach- und Hügellandes.
Verbreitung: Ost- und Südosteuropa sowie einige Teile Mitteleuropas. Auf der Iberischen Halbinsel und in Südfrankreich lebt der ähnliche Iberische Wasserfrosch (*Rana perezi*); vor kurzem noch als Unterart des Seefrosches geführt.

Kleiner Teichfrosch

Wissenschaftlicher Name:
Rana lessonae
Familie: Frösche.
Kennzeichen: 6–9 cm. Dem Seefrosch ähnlich, jedoch bedeutend kleiner, und seine Oberseite ist oft lebhaft grün und weniger warzig. Das Männchen ist im Hochzeitskleid, besonders im Kopfbereich, gelblich (Bild). Im Gegensatz zum Seefrosch sind die Hinterschenkel gelb marmoriert und die Schallblasen weiß (Bild). Er ist sehr schwer von dem im selben Lebensraum vorkommenden Wasserfrosch zu unterscheiden.
Lebensweise: Die Lebensgewohnheiten stimmen weitgehend mit denen des Seefrosches überein. Quakende Revier- und knarrende Balzrufe.
Nahrung: Kerbtiere, Würmer, Schnecken, kleine Fische.
Lebensraum: Im Uferbereich warmer Gewässer des Flach- und Hügellandes.
Verbreitung: West-, Mittel-, Osteuropa und Italien.

Wissenschaftlicher Name:
»Rana esculenta«,
Kreuzung zwischen See-
und Teichfrosch. Ursprünglich im Überlappungsgebiet
beider Arten entstanden,
lebt der Wasserfrosch heute
meist nur mit einer Stammform zusammen. Durch Ab-
weichungen von den übli-
chen Vererbungsgesetzen
bleiben Populationen des
Wasserfrosches neben der
der Stammform erhalten.
Familie: Frösche.
Kennzeichen: 9–12 cm.

Merkmale beider Eltern;
schwer vom kleinen Teich-
frosch zu unterscheiden.
Lebensweise: Siehe See-
frosch.
Nahrung: Kerbtiere,
Würmer, Schnecken und
kleine Wirbeltiere.
Lebensraum: Im Uferbereich
warmer Gewässer des
Flach- und Hügellandes.
Verbreitung: West-, Mittel-,
Osteuropa und Italien.

Erdkröte

Wissenschaftlicher Name:
Bufo bufo
Familie: Kröten.
Kennzeichen: Männchen bis
8 cm, Weibchen bis 15 cm,
bei der südeuropäischen
Rasse *(Bufo b. spinosus)* bis
20 cm. Die warzige Ober-
seite ist gelb- bis dunkel-
braun. Hinter den Augen
fallen, wie bei allen Kröten,
die großen Ohrdrüsen auf.
Die Hinterbeine sind
wesentlich kürzer als bei
Fröschen. Die Pupille ver-
engt sich bei Tageslicht zu

einem waagerechten Spalt
(rechtes Bild).
Lebensweise: Nachtaktiv.
Außerhalb der Paarungszeit
lebt die Erdkröte an Land.
Bereits knapp nach der
Schneeschmelze wandern
die Erdkröten von den Win-
terquartieren zu größeren
oder kleineren Laichgewäs-
sern. Die Paarbildung
erfolgt manchmal schon auf
dem Weg dorthin. Die stets
in großer Überzahl vorhandenen Männchen balgen
sich um die wenigen Weib-

chen. Dabei werden ersatz-
weise auch alle sich
bewegenden Tiere oder
Gegenstände umklammert.
Die unauffällige Stimme ist
vor allem bei Belästigung
durch andere Männchen zu
vernehmen. Die Eier wer-
den nachts in langen
Schnüren zwischen Gegen-
ständen verspannt (siehe
Bild auf Seite 33). Nach der
Paarungszeit entfernt sich
die Erdkröte weit von ihrem
Laichplatz. Die kurzen Beine
und der plumpe Körper

erlauben nur kleine
Sprünge. Oft bewegt sie
sich nur krabbelnd vor-
wärts.
Nahrung: Kerbtiere,
Würmer, Schnecken.
Lebensraum: Sehr viele,
sogar relativ trockene
Lebensräume, vor allem
Wälder und Kulturland. In
den Alpen bis über der
Waldgrenze.
Verbreitung: Fehlt in Europa
nur in Korsika, Sardinien,
Irland und im äußersten
Nordosten.

Wissenschaftlicher Name:
Bufo viridis
Familie: Kröten.
Kennzeichen: 8–12 cm, die Männchen sind kleiner als die Weibchen. Olivgrüne, unregelmäßige, aber scharf begrenzte Flecken auf weißem bis schmutziggrauem Grund. Dazwischen oft einzelne Warzen mit roten Spitzen. Die kurzen Hinterbeine, die Ohrdrüsen und die zu einem Längsspalt verengten Pupillen entsprechen den allgemeinen Krötenmerk-

malen. Kann leicht mit der Kreuzkröte verwechselt werden.
Lebensweise: Nachtaktiv. Lebt außerhalb der Paarungszeit an Land. Laicht erst im späten Frühjahr in seichten Gewässern und Pfützen. (Das linke Bild zeigt ein Krötenpaar in einem überschwemmten Wiesengraben.) Zu dieser Zeit ist sie bereits in den Abendstunden zu beobachten. Der Ruf der Männchen besteht aus einem unverkennbaren,

wohlklingenden, hohen Tril-
lerton. Dabei wird die Kehle
durch die inneren Schall-
blasen ballonartig aufge-
blasen. Die in langen
Schnüren abgegebenen
Eier werden um Pflanzen
gewickelt. Nach der Paa-
rungszeit entfernen sich
Wechselkröten oft weit von
ihrem Laichplatz. Den Tag
verbringen sie unter Steinen
und in zum Teil selbst
gegrabenen Erdlöchern.
Nahrung: Kerbtiere,
Würmer, Schnecken.

Lebensraum: Sonnige, trok-
kene, vor allem sandige
Böden; Sandstrände, sogar
Wüsten und Steppen, die
zumindest im Frühjahr Was-
serstellen aufweisen. Als
Laichplatz wird auch bracki-
ges Wasser angenommen.
Verbreitung: Ost- und Südosteuropa, Italien und Teile
Mitteleuropas.

Wissenschaftlicher Name:
Bufo calamita
Familie: Kröten.
Kennzeichen: 7–10 cm.
Schmutziggraue Oberseite
mit oliv- bis braungrünen
Flecken, die im Gegensatz
zur Wechselkröte mehr oder
weniger unscharf begrenzt
sind. Durch den schwefel-
gelben Rückenstrich ist sie
jedoch fast immer eindeutig
zu erkennen. Die Spitzen
der zahlreichen Warzen
sind teilweise rot.
Lebensweise: Nachtaktiv.

Lebt außerhalb der Paa-
rungszeit an Land; wärme-
liebend. Laicht erst im späten Frühjahr in sehr flachen,
auch temporären Kleinge-
wässern. In den Abend-
und Nachtstunden ist der
laut knarrende Ruf der
Männchen nicht zu über-
hören. Die inneren Schallblasen wölben dabei die
Kehle ballonartig auf (rechtes Bild). Der Laich wird in
Schnüren abgelegt. Außer-
halb der Laichzeit entfernen
sich Kreuzkröten oft weit

vom Laichgewässer. Die auffallend kurzen Hinterbeine erlauben nur ein mausartiges, für diese Art charakteristisches Laufen. Den Tag verbringen sie in selbstgegrabenen Löchern. **Nahrung:** Kerbtiere, Würmer, Schnecken. Kleine Objekte werden wie bei den meisten Froschlurchen durch Ausklappen der am Vorderrand des Kiefers befestigten und mit klebrigem Schleim benetzten Zunge erbeutet. Größere Tiere erfassen sie mit den Kiefern, rücken sie mit den Vorderbeinen zurecht und verschlucken sie als Ganzes.

Lebensraum: Warme, meist sandige und trockene Böden, selbst Meeresstrände. Akzeptiert zum Laichen auch Brackwasser.

Verbreitung: Südwest- und Westeuropa. In Mittel- und Nordosteuropa kommt sie zum Teil zusammen mit der ähnlichen Wechselkröte vor.

Wissenschaftlicher Name:
Bombina variegata
Familie: Scheibenzüngler.
Kennzeichen: 4—5 cm. Die
mit spitzen Warzen ver-
sehene Oberseite ist un-
scheinbar schmutzigbraun
und dunkel gefleckt. Die
Unterseite hingegen fällt
durch ihr leuchtendes Gelb
oder Orange, unterbrochen
von grauen Flecken, auf. Im
Gegensatz zu den Kröten
fehlen die Ohrdrüsen, das
Trommelfell ist von außen
nicht sichtbar. Zur Paa-
rungszeit tragen die Männchen sowohl an den ersten
3 Fingern als auch an der
Innenseite des Unterarmes
schwarze, rauhe »Brunst-
schwielen«.
Lebensweise: Tag- und
nachtaktiv. Streng ans Wasser gebunden; hält sie sich
besonders an dessen Rän-
dern auf, wo sie häufig im
Wasser treibend beobach-
tet werden kann. Die Ei-
ablage erfolgt mehrmals im
späten Frühjahr und Som-
mer. Ihre Stimme (wohlklin-

gendes, dumpfes »u-u-u...«) ist vor allem abends zu vernehmen (Gelbbauchunken besitzen jedoch keine Schallblasen). Bei massiver Belästigung können die Unken eine »Kahnstellung« (rechtes Bild) einnehmen: Vorder- und Hinterende, sowie Hand- und Fußsohlen werden nach oben gebogen und somit dem Angreifer die leuchtendgelben Flecken gezeigt. Die grelle Farbe soll vor dem ätzenden und giftigen Hautsekret warnen. Die Überwinterung erfolgt an Land.

Nahrung: Vor allem Kerbtiere.

Lebensraum: Bewachsener Uferbereich von stehenden und langsam fließenden Gewässern, Wassergräben, Pfützen und wassergefüllte Radfurchen im Flach- und Hügelland.

Verbreitung: West-, Mittel- und Südosteuropa, Italien.

Wissenschaftlicher Name:
Bombina bombina
Familie: Scheibenzüngler.
Unterscheiden sich von
anderen Familien durch die
festgewachsene, nicht aus-
klappbare, scheibenförmige
Zunge und das Vorhanden-
sein von Rippen. Während
der Paarung werden die
Weibchen in der Lenden-
gegend umklammert.
Kennzeichen: 4–5 cm. Die
Oberseite der Rotbauch-
unke ist ähnlich gestaltet
wie die der Gelbbauch-

unke. Die Unterseite hin-
gegen zeigt auf dunklem
Grund kleine, weiße Punkte
und vor allem unregel-
mäßige, leuchtendrote
Flecken, die Feinde vor dem
giftigen und ätzenden Hautsekret warnen sollen. Die
»Brunstschwielen« des
Männchens sind nicht nur
an den ersten beiden Fin-
gern, sondern auch an der
Innenseite der Unterarme
zu finden.
Lebensweise: Tag- und
nachtaktiv. Die Paarung fin-

det im späten Frühjahr bis in den Sommer hinein statt. In dieser Zeit werden 2- bis 3mal Eier in kleinen Klumpen abgelegt. Im Gegensatz zur Gelbbauchunke besitzt die Rotbauchunke innere Schallblasen, häufig wird jedoch der ganze Körper als Resonanzkörper verwendet (rechtes Bild). Die Stimme kann mit einem dumpfen »u-u-u-« charakterisiert werden (14–40 Rufe pro Minute statt wie 60–120 bei der Gelbbauch-

unke). Bei Gefahr kann ebenfalls die »Kahnstellung« eingenommen werden. Obwohl die Rotbauchunke streng ans Wasser gebunden ist, überwintert sie an Land.
Nahrung: Vor allem Kerbtiere.
Lebensraum: Stark bewachsener Uferbereich von Gewässern des Tieflandes.
Verbreitung: Osteuropa. Im östlichen Mitteleuropa gemeinsam mit der Gelbbauchunke.

Wissenschaftlicher Name:
Alytes obstetricans
Familie: Scheibenzüngler.
Kennzeichen: 4–5 cm. Krötenähnliche Erscheinung mit erdfarbener Oberseite. Vom Augenhinterrand bis zum Ansatz der Hinterbeine erstreckt sich eine auffällige, oft rote Warzenreihe. Senkrecht spaltförmige Pupillen, aber keine Ohrdrüsen wie bei den Kröten.
Lebensweise: Nachtaktiv. Tagsüber unter Steinen oder in selbstgegrabenen Erdlöchern. Die Paarung findet mehrmals im späten Frühjahr und Sommer an Land statt. Nachdem die Eier befruchtet sind, wickelt sich das Männchen durch strampelnde Bewegungen die Eischnüre (20–80 große, durch gallertige Schnüre verbundene Eier von 1–2 Weibchen) um seine Hinterbeine und trägt sie 3–6 Wochen mit sich herum. In dieser Zeit zehren die Embryonen von der reich-

lich vorhandenen Dotter-
masse. Die eingetrocknete
Gallerthülle gewährt einen
gewissen Schutz vor Ver-
dunstung. Für die Entwicklung sind jedoch eine
feuchte Atmosphäre und
Dunkelheit notwendig. Zum
Zeitpunkt des Schlüpfens
der etwa 15 mm großen
und weit entwickelten Larven sucht das Männchen
flache Kleingewässer auf
und streift die Schnüre mit
den Larven ab. Der Ruf hört
sich wie ein hohes, glocken-
ähnliches »puh-puh« an
(1 Ruf pro Sekunde).
Nahrung: Kerbtiere,
Würmer.
Lebensraum: Steiniges
Gelände, Kulturland und
lichte Wälder des Berg- und
Hügellandes.
Verbreitung: Südwest-,
Westeuropa und Teile Mit-
teleuropas. Im Süden der
Iberischen Halbinsel durch
die ähnlich aussehende
Iberische Geburtshelfer-
kröte *(Alytes cisternasii)*
vertreten.

Wissenschaftlicher Name:
Discoglossus pictus
Familie: Scheibenzüngler.
Kennzeichen: 6–7 cm. Mit Fröschen zu verwechseln, sein Trommelfell ist jedoch unauffällig und die Pupille senkrecht oval. Gelbliche, bräunliche oder grünliche Oberseite mit dunklen, oft hell gesäumten Flecken oder Längsstreifen. Entlang der Seiten ziehen sich 2 Drüsenleisten.
Lebensweise: Tag- und nachtaktives Wassertier.

Vom Frühjahr bis Spätsommer werden mehrmals Eier einzeln abgelegt. Versteckt sich bei Gefahr am Boden des Gewässers.
Nahrung: Kerbtiere.
Lebensraum: Flache, langsam fließende und stehende Gewässer.
Verbreitung: Teile der Iberischen Halbinsel und Südfrankreichs; Sizilien. In Sardinien und Korsika lebt der ähnliche Sardische Scheibenzüngler (*Discoglossus sardus*).

Wissenschaftlicher Name:
Pelodytes punctatus
Familie: Krötenfrösche.
Kennzeichen: 4–5 cm.
Froschähnliche, zierliche
Gestalt mit schmutzig-
brauner, olivgrün gefleckter
Oberseite, die jedoch in
Längsreihen angeordnete
Warzen trägt. Die Pupillen
sind senkrecht spaltförmig.
Lebensweise: Nachtaktiv.
Tagsüber in Erdhöhlen oder
unter Steinen versteckt.
Trotz seines Namens nur
kurz während der Laichzeit
im Wasser anzutreffen. Die
Eier werden in kurzen,
dicken Schnüren abge-
legt. Guter Springer und
Kletterer.
Nahrung: Vor allem Kerb-
tiere.
Lebensraum: Schattige und
nicht zu trockene Biotope
im Flach- und Hügelland,
meist in der Nähe von Ge-
wässern.
Verbreitung: West- und
Südwesteuropa.

Knoblauchkröte

Wissenschaftlicher Name:
Pelobates fuscus
Familie: Krötenfrösche.
Kennzeichen: 5—8 cm. Wird trotz ihres Namens nicht zu den Kröten gezählt. Relativ glatthäutig, keine Ohrdrüsen, senkrecht spaltförmige Pupillen und unscheinbares Trommelfell. Durch eine charakteristische, beulenartige Erhebung am Nacken von anderen Arten zu unterscheiden. Die Oberseite ist auf lehmfarbenem Grund dunkel marmoriert und oft mit auffälligen, roten Punkten versehen.

Lebensweise: Nachtaktiv. Hält sich im Frühjahr während der Paarungszeit nur kurz in kleinen Wasseransammlungen auf. Die Männchen sind in der Überzahl. Während der Paarung wird das Weibchen in der Lendengegend umklammert. Die Laichschnüre sind dick und kurz. Verglichen mit der Größe der erwachsenen Tiere können die

Kaulquappen zu einer beträchtlichen Länge von 10 cm und mehr heranwachsen. Manchmal treten sogar »Riesenlarven« von etwa 17 cm Länge auf, die den Winter im Schlamm vergraben überdauern und sich erst im nächsten Jahr umwandeln. Eine harte, helle Hornschwiele an den Fersen ermöglicht der Knoblauchkröte ein rasches Vergraben im Boden. Ihr schleimhautreizendes Hautsekret riecht nach Knoblauch. Bei äußerster Gefahr stößt sie einen grellen Angstschrei aus und verteidigt sich mit hoch aufgestemmtem Körper und offenem Maul.

Nahrung: Kerbtiere, Würmer, Schnecken.
Lebensraum: Offenes Gelände im Flachland; sandiger Boden und Kulturland werden bevorzugt.
Verbreitung: West-, Mittel- und Osteuropa.

Wissenschaftlicher Name:
Pelobates cultripes
Familie: Krötenfrösche.
Kennzeichen: 9 cm. Der Knoblauchkröte ähnlich, aber mit schwarzen Hornschwielen an den Fersen und meist gelblich- bis olivgrüner Oberseite, aber ohne beulenartiger Erhebung am Kopf. Variable Zeichnung, in der Regel ohne rote Warzen. Auch bei dieser Art tendieren die Larven zu Riesenwuchs.
Lebensweise: Vorwiegend nächtlich und nach Regenfällen aktiv. Außerhalb der Fortpflanzungszeit an Land. Kann sich mit Hilfe der Hornschwielen an den Fersen sehr rasch im lockeren Erdreich vergraben.
Nahrung: Kerbtiere, Würmer, Schnecken.
Lebensraum: Kulturland; sandige Küsten, sumpfiges Gelände.
Verbreitung: Iberische Halbinsel, Südfrankreich.

Bereits Stunden oder Tage vor der eigentlichen Paarung klammert sich das Männchen mit seinen Armen am Rücken des Weibchens fest. »Brunstschwielen« (dunkle, rauhe Stellen) an einem oder mehreren Fingern erleichtern diesen Vorgang. Die Eier werden erst unmittelbar bei Ablage befruchtet (äußere Befruchtung; das Bild zeigt ein Erdkrötenpaar). Die Eiablage erfolgt nachts in kleineren oder größeren Ballen (Frösche, Laubfrösche), in Schnüren (Kröten, Krötenfrösche, Geburtshelferkröte), bzw. einzeln oder in kleinen Klumpen (Gemalter Scheibenzüngler, Unken). Je nach Art werden 60–12000 Eier pro Weibchen produziert. Jedes Ei ist von einer Gallerthülle umgeben, die erst nach der Ablage allmählich zu einer dicken Schutzhülle quillt.

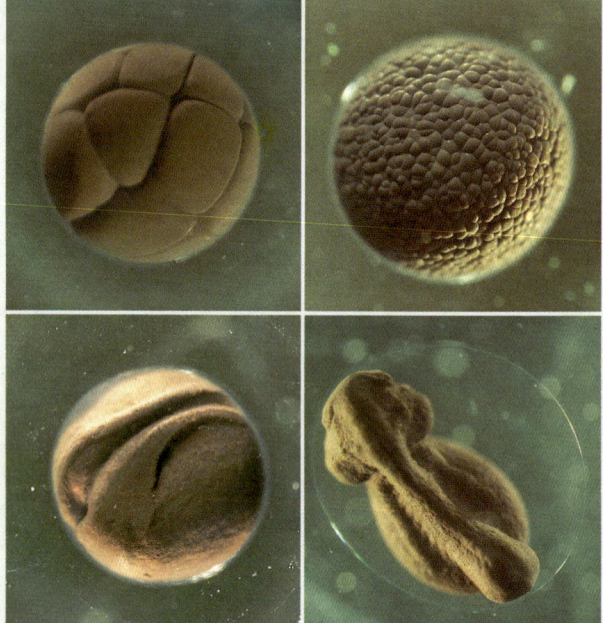

Aus dem befruchteten Ei entsteht durch knapp hintereinander folgende Furchungen zunächst ein Zellhaufen (Maulbeerkeim; Bild links oben) und in Folge eine aus vielen kleinen Zellen bestehende, einschichtige Hohlkugel (Blasenkeim; Bild rechts oben). Nach weiteren Zellteilungen kommt es zur Einstülpung der Hohlkugel (Becherkeim mit zunächst zwei Zellschichten). Während die größeren, unteren Zellen vor allem die energiereiche Dottermasse enthalten, formt sich an der oberen Polhälfte durch Vermehrung, Einsenkung und Auffaltung sowie durch Differenzierung der Zellschichten allmählich der Embryo. Im Bild links unten ist das aufgewölbte und in der Mitte eingesenkte Rückenmarksrohr sowie die breite Kopfplatte deutlich zu sehen. Wenig später (Bild rechts unten) sind bereits die wichtigsten Körperteile der

zukünftigen Larve zu erkennen. Wegen der Durchsichtigkeit der gallertigen Eihülle kann dieser Entwicklungsvorgang im Aquarium leicht mit einer Lupe beobachtet werden. Er dauert je nach Temperatur nur wenige Tage. (Er kann aber durch einen zeitweisen Aufenthalt im Kühlschrank verzögert werden.) Zum Zeitpunkt des Schlüpfens entwickelt der Embryo Sekrete, die die Gallerthülle auflösen und ihn befreien. Die frisch geschlüpfte Froschlarve macht noch einen embryonalen Eindruck: Sinnesorgane und Kiemen sind kaum entwickelt, und der Körper ist vom noch vorhandenen Dotter aufgetrieben (Bild auf der rechten Seite). Die Bildserie zeigt die Eientwicklung eines Grasfrosches.

1. Larvenstadium – Froschlurche

Die Larven sind zunächst noch wenig beweglich und hängen mit Hilfe einer V-förmigen Klebedrüse des Kopfes ruhig an der schützenden, ineinander geflossenen Gallertmasse (Bild auf Seite 35) oder an Pflanzen und Ästen. Bei Störung versuchen sie, durch unbeholfen zappelnde Bewegungen zu flüchten. In dieser Zeit fallen viele von ihnen Räubern zum Opfer. Während der Ruhephase wird der restliche Dottervor-rat aufgebraucht, und es vervollständigen sich Sinnesorgane, äußere Kiemenbüschel und ein kräftiger Ruderschwanz. Erst dann beginnt die Nahrungsaufnahme (zunächst vorwiegend einzellige Organismen). Die büscheligen, weit abstehenden Kiemenäste (3 auf jeder Seite) bestehen je nach Temperatur nur wenige Tage und werden dann durch die inneren, fischähnlichen Kiemen ersetzt.

Das Bild zeigt eine Kaulquappe von der Unterseite. Ihr kugeliger Körper ist mit einem kräftigen Ruderschwanz ausgestattet. Mit Hilfe der Raspellippen und eines Hornschnabels werden pflanzlicher und tierischer Aufwuchs, aber auch abgestorbene Organismen abgeraspelt. Darüberhinaus sind die Kiemenreusen in der Lage, im Wasser schwebende Partikel zu filtrieren. Der durch die Bauchhaut schimmernde Darm ist sehr lang und spiralig aufgerollt und an die oft schwer verdauliche Nahrung angepaßt. Die Hauptatmungsorgane sind nun die inneren Kiemen: Das Wasser wird über die Mundhöhle angesogen und über eine unpaare, seitliche Atemöffnung (im Bild rechts) wieder hinausgepumpt. Viele Kaulquappen halten sich bevorzugt an der flachen, von der Sonne erwärmten Uferlinie auf.

Noch bevor die Kaulquappe völlig ausgewachsen ist, bilden sich funktionierende Lungen, und es erscheinen auch schon kleine Hinterbeinstummel, die aber noch lange unbeweglich bleiben. Die Umwandlung zum fertigen Frosch wird durch Tyroxin, dem Hormon der Schilddrüse, ausgelöst. Die Hinterbeine wachsen allmählich in die Länge (Bild links oben), während sich die Vorderbeine unter der Haut entwickeln und erst auf dem Höhepunkt der Umwandlung durchbrechen (Bild links unten). Die letzte Phase verläuft dann erstaunlich schnell: Der einheitlich kugelige Körper der Kaulquappe formt sich zur Froschgestalt, die Augen wölben sich vor und der kleine, ovale Raspelmund verbreitert sich zur großen Maulspalte. Auch der spiralig aufgerollte Verdauungstrakt verkürzt und differenziert sich in Magen und

Darm; die Kiemen verschwinden. Letztlich wird auch der lange, kräftige Ruderschwanz »eingeschmolzen« (Bild rechts oben). Die in ihm enthaltene organische Substanz wird abgebaut und in die grundlegende Umstrukturierung des Körpers investiert. Mit zunehmender Reifung verläßt das Tier das Wasser. Nur der Schwanzstummel erinnert noch eine Weile lang an die Kaulquappenzeit (Bild rechts unten). Das umgewandelte Tier ist um die Hälfte, bei der Knoblauchkröte sogar um zwei Drittel kleiner als die Larve. Erst wenn alle Prozesse abgeschlossen sind, wird auch die Nahrungsaufnahmne (jetzt als Räuber) wieder aufgenommen. Zu dieser Zeit ist die Umgebung der Laichgewässer oft übersät mit jungen, vom Wasser wegstrebenden Fröschen oder Kröten, die dann leichte Beute vieler Räuber werden.

Feuersalamander

Wissenschaftlicher Name:
Salamandra salamandra
Familie: Salamander.
Kennzeichen: 15–28 cm.
Glänzendschwarzer Körper
mit gelben, selten orangen
Flecken (*S. salamandra
salamandra,* linkes Bild)
oder Streifen (*S. sala-
mandra terrestris* in Westeuropa, rechtes Bild). Hinter
den Augen fallen die stark
entwickelten Ohrdrüsen, die
Gift enthalten, auf.
Lebensweise: Landlebender,
vorwiegend nachtaktiver

Salamander, der tagsüber
nur bei feuchtem Wetter
zum Vorschein kommt. Die
Paarung findet an Land
statt. Die dotterreichen Eier
bleiben bis zum Schlüpfen
der Larven im Uterus. Im
Sommer werden die Larven,
die noch nicht die Färbung
der Erwachsenen tragen, in
ruhige Zonen von kühlen
Waldbächen abgesetzt. Die
Umwandlung zum land-
lebenden Salamander
erfolgt meist innerhalb
weniger Monate. Wegen

seines giftigen Hautsekretes braucht der Feuersalamander kaum Feinde zu fürchten. Seine auffallende Färbung ist als Warnsignal zu verstehen. Um den Feuersalamander rankte sich schon seit der Antike viel Aberglaube.

Nahrung: Gliedertiere, Würmer, Schnecken.

Lebensraum: Der Feuersalamander bewohnt vorwiegend dicht bewaldete Mittelgebirge, in den Alpen bis 800 m, im Süden ist er auch im Hochgebirge bis 2000 m anzutreffen.

Verbreitung: Europa, außer Großbritannien, Skandinavien und Nordosteuropa. Etwa 13 Rassen mit zum Teil stark abweichender Lebensweise: Überwiegend aquatisch (in einem spanischen Hochgebirgssee) oder Geburt von 2 voll entwickelten Jungen (im Norden der Iberischen Halbinsel).

Wissenschaftlicher Name:
Salamandra salamandra
Familie: Salamander.
Kennzeichen: 11–16 cm.
Seine Gestalt ähnelt dem
Feuersalamander, ist aber
wesentlich schlanker und
vollkommen schwarz. Von
einem Alpenmolch in Land-
tracht unterscheidet er sich
durch den schwarzen
Bauch und die warzige
Haut.
Lebensweise: Der nacht-
aktive, ausschließlich an
Land lebende Alpensala-
mander kommt tagsüber
nur bei Regen zum Vor-
schein. Sein giftiges und
ätzendes Hautsekret schützt
ihn weitestgehend vor Fein-
den. In seiner Entwicklung
hat sich der Alpensalamander als einziger heimischer
Vertreter vom Wasser
unabhängig gemacht. Von
den etwa 60 dotterreichen
Eiern entwickeln sich im
Körper des Weibchens nur
zwei. Nach dem Schlüpfen
aus der Eihülle ernähren
sich die mit körperlangen

Kiemen ausgestatteten Larven von der Dottermasse der restlichen, nicht zur Entwicklung gelangten Eiern. Ist dieser Vorrat aufgebraucht, wird in der letzten Phase der Entwicklung die Uterusschleimhaut abgeschabt. Nach einer 1–3jährigen »Tragzeit« werden etwa 4 cm lange, fertig entwickelte Salamander geboren.

Nahrung: Kerbtiere, Würmer und Schnecken.

Lebensraum: Bergwälder, Zwergstrauchregion und Geröllhalden von 800–3000 m Höhe; Böden mit Kalkgestein werden bevorzugt, wo er bei warmem Sommerregen oft in großer Zahl anzutreffen ist (»Regenmännchen«).

Verbreitung: Das Hauptverbreitungsgebiet sind die Alpen, vereinzelt ist er auch im nördlichen Balkan zu finden.

Brillensalamander

Wissenschaftlicher Name:
Salamandrina terdigitata
Familie: Salamander.
Kennzeichen: 7–11 cm.
Schlanker Körper mit hervortretenden Rippen und Wirbeln. Er macht dadurch einen stark abgemagerten Eindruck. Mattschwarze Oberseite mit gelber oder roter Brillenzeichnung zwischen den Augen. Bein- und Schwanzunterseite leuchtendrot. Hinterbeine mit 4 statt 5 Zehen. Die Lungen sind kaum entwickelt;

die Atmung erfolgt über Haut und Kehle.
Lebensweise: Nachtaktiv, kommt bei schlechtem Wetter aber auch tagsüber zum Vorschein. Stellt sich bei Gefahr tot oder krümmt den Schwanz nach oben. Die Larven entwickeln sich in Bächen.
Nahrung: Kerbtiere.
Lebensraum: Dicht bewaldete Schluchten.
Verbreitung: Westliches Italien von Ligurien bis Kalabrien.

Wissenschaftlicher Name:
Hydromantes italicus
Familie: Lungenlose
Salamander.
Kennzeichen: 9–12 cm.
Schmutzigbraune, marmo-
rierte Oberseite. Obwohl er
Wasser meidet, sind die
Zehen mit Schwimmhäuten
versehen. Die Lungen sind
rückgebildet, er atmet vor
allem über die Haut, die
aber bei zu hohen Tempe-
raturen (über 20°C) nicht
genug Sauerstoff liefern
kann.

Lebensweise: Nachtaktiv,
tagsüber nur bei regneri-
schem Wetter sichtbar.
Zieht sich im Sommer tief in
den Boden zurück.
Nahrung: Kerbtiere werden
nach Chamäleonart mit der
langen Schleuderzunge
gefangen.
Lebensraum: Boden feuch-
ter Schluchten, Spalten und
Höhlen. Im Frühjahr unter
Steinen zu finden.
Verbreitung: Seealpen,
nördlicher Apennin.

Alpenmolch, Bergmolch

Wissenschaftlicher Name:
Triturus alpestris
Familie: Salamander.
Kennzeichen: 8–12 cm. Im
Gegensatz zu anderen mit-
teleuropäischen Molchen ist
der Bauch einfarbig orangerot. Die Flanken sind auf
hellem Grund schwarz
punktiert. Die im Hochzeitskleid farbenprächtigen
Männchen sind an der
schiefergrauen, oft dunkel
marmorierten Oberseite
und dem niedrigen, gebän-
derten Rückenkamm zu
erkennen (linkes Bild). Die
Bauchseite und zum Teil
auch der flachgedrückte
Schwanz sind himmelblau.
Das grau-braun marmo-
rierte Weibchen trägt
keinen Kamm (rechtes Bild).
Lebensweise: Im Wasser
tag- und nachtaktiv, wäh-
rend des Landlebens
jedoch nur nachtaktiv. Im
Gegensatz zu anderen
Molchen neigt diese Art vor
allem im Gebirge zu einem
längeren Aufenthalt im
Wasser. Einige Balkan-

populationen bleiben sogar zeitlebens im Wasser und tragen auch im Erwachsenenstadium äußere Kiemenbüschel. Sie werden als eigenständige geographische Unterarten geführt. In kalten Hochgebirgsseen wird die Larvenentwicklung erst im folgenden Jahr beendet.

Nahrung: Kerbtiere, Würmer und Schnecken.

Lebensraum: Im Frühjahr und zum Teil auch im Sommer oft in großen Mengen in kleinen Wasseransammlungen und Tümpeln vom Flachland bis ins Hochgebirge. In den pflanzenlosen Hochgebirgstümpeln sind sie leicht bei ihren Balzspielen zu beobachten.

Verbreitung: Nord- und Ostfrankreich, Mitteleuropa, Norditalien, Teile Ost- und Südosteuropas. Isoliertes Vorkommen in Nordspanien (Kantabrisches Gebirge).

Wissenschaftlicher Name:
Triturus vulgaris
Familie: Salamander
Kennzeichen: 7–11 cm.
Gelbbraune, dunkel
gefleckte Oberseite, Kehle
und Bauch orangerot mit
dunklen Tupfen. Die Männ-
chen tragen im Hochzeits-
kleid einen hohen, welligen
aber nicht unterbrochenen
Kamm (Bild rechts oben).
Bei südeupäischen Ras-
sen ist der Kamm hingegen
niedrig und kaum gewellt
(z. B. Mittelmeermolch –

T. vulgaris meridionalis, Bild
rechts unten; leicht mit dem
Fadenmolch zu verwech-
seln). Die Schwanzunter-
seite wird immer von einem
blau-orangen, von schwar-
zen Flecken unterbrochenen
Band gesäumt. An den
Kopfseiten verlaufen zwei
dunkle Längsstreifen. Die
Zehen der Hinterbeine
tragen breite, lappige
Schwimmflossen. Die Weib-
chen sind kammlos und
unscheinbar gefärbt. An
Land ist die Haut samtig-

trocken und wasserabwei-
send. Bei oberflächlicher
Betrachtung kann er unter
Umständen mit einer
Eidechse verwechselt
werden.
Lebensweise: Im Wasser
tag- und nachtaktiv, wäh-
rend des Landlebens nachtaktiv. Die Larvenentwick-
lung ist in etwa 2 Monaten
abgeschlossen.
Nahrung: Kerbtiere, kleine
Wassertiere.
Lebensraum: Im Frühjahr nur
kurzer Aufenthalt in meist

kleinen, sogar temporären
Gewässern. Später zum Teil
auch an sehr trockenen
Stellen anzutreffen. In Nord-
und Mitteleuropa bevorzugt
im Flachland, im Süden
zunehmend im Gebirge
bis 2000 m.
Verbreitung: Europa außer
der Iberischen Halbinsel,
Südfrankreich, Süditalien
und Nordskandinavien.

Wissenschaftlicher Name:
Triturus helveticus
Familie: Salamander.
Kennzeichen: 7–9 cm. Die gelb- bis olivbraune Oberseite ist stark getupft, während die gelbliche Unterseite nur wenige schwarze Punkte aufweist. Im Hochzeitskleid (Bild oben) tragen die Männchen vorstehende Rückenleisten, der breite Ruderschwanz ist am Ende abgestutzt und läuft in einem dünnen Faden aus. Die Zehen der Hinterbeine tragen auffällige Flossensäume. Weibchen (Bild unten) sind jenen des Teichmolches sehr ähnlich.
Nahrung: Wassertiere, Kerbtiere.
Lebensraum: Im Frühjahr nur kurz in kühlen Kleinstgewässern, später an Land. Die Entwicklung verläuft innerhalb weniger Wochen.
Verbreitung: Mittel- und Westeuropa, Großbritannien.

Wissenschaftlicher Name:
Pleurodeles waltl
Familie: Salamander.
Kennzeichen: 15–30 cm.
Plumper Körper mit lehm-
farbener, rauher Haut. An
der gelb bis orange gefärbten, seitlichen Warzenreihe
enden die Rippenspitzen.
Der Schwanz ist abgeplat-
tet. Geringe Geschlechts-
unterschiede.
Lebensweise: Nachtaktiv.
Während der Paarung wird
das Weibchen vom Männ-
chen am Rücken getragen.

Im Gegensatz zu unseren
heimischen Molchen blei-
ben die jungen Rippen-
molche auch nach ihrer
Umwandlung zum fertigen
Molch im Wasser.
Nahrung: Wassertiere.
Lebensraum: Meist das
ganze Jahr über in stehenden und langsam fließen-
den Gewässern, sogar in
Zisternen. Bei Austrocknen
des Gewässers an Land.
Verbreitung: Mittlere und
südliche Teile der Iberischen
Halbinsel.

Wissenschaftlicher Name:
Triturus cristatus
Familie: Salamander.
Kennzeichen: 14–16 cm. Die dunkelbraune Oberseite und der leuchtendorange Bauch sind mit großen, schwarzen Flecken durchsetzt. Das Hochzeitskleid des Männchens ist vor allem durch einen hohen, tief gezackten (Bild) oder welligen Kamm (Alpenkammolch, *Triturus cristatus carnifex*) gekennzeichnet, der deutlich vom breiten Ruderschwanz abgesetzt ist. In der Schwanzmitte verläuft ein perlmuttfarbenes Längsband. Die Weibchen tragen keinen Kamm und einen nur wenig verbreiterten Schwanz. Die Landtracht ist dunkler und grobkörniger.
Lebensweise: Im Wasser tag- und nachtaktiv, während des Landlebens nur nachtaktiv. Der Kammolch entfernt sich nicht allzu weit vom Laichgewässer. Im Herbst sind manchmal Massenwanderungen zu

den gemeinsamen Winter-
quartieren zu beobachten.
Nahrung: Neben Kerb-
tieren, Schnecken und
Würmern können auch
kleine Wirbeltiere erbeutet
werden.
Lebensraum: Zur Laichzeit
sucht der Kammolch grö-
ßere, verkrautete, stehende
oder langsam fließende
Gewässer auf, in denen er
oft viel länger als andere
Molcharten bleibt, mitunter
sogar bis zum Herbst
(besonders der Donau-
kammolch, *Triturus
cristatus dobrogicus:* stark
gezackter Kamm und inten-
siv roter Bauch). Flach- und
Hügelland wird bevorzugt,
im Süden des Verbreitungs-
gebietes ist er auch im
Gebirge anzutreffen.
Verbreitung: Die 4 Rassen
verteilen sich auf ganz
Europa mit Ausnahme der
Iberischen Halbinsel, Südfrankreich, Irland und Nordskandinavien.

Wissenschaftlicher Name:
Triturus marmoratus
Familie: Salamander.
Kennzeichen: 12–14 cm. Der Marmormolch ist durch seine lebhaft grün-schwarz gemusterte Oberseite mit keiner anderen Art zu verwechseln. Die Bauchseite ist unscheinbar grau marmoriert. Das Hochzeitskleid des Männchens (rechtes Bild) besteht aus einem hohen, kaum gewellten und schwarz gebänderten Kamm, der sich nach einer Unterbrechung am Körperende im Schwanzbereich fortsetzt. In der Mitte des breiten Ruderschwanzes verläuft ein perlmuttfarbenes Längsband. Das Weibchen (linkes Bild) ist wie bei allen Molchen kammlos, steht jedoch in der Farbenpracht dem Männchen nicht nach. Entlang des Rückgrates zieht eine orange Linie. Die Landtracht des Marmormolches ist im Gegensatz zu anderen Arten sogar leuchtender als

die Wassertracht (linkes Bild). Die Haut fühlt sich samtig-trocken an. In Nordwestfrankreich kann es mit dem Kammolch zu Kreuzungen kommen, die überwiegend aquatisch leben (ursprünglich als eigene Art beschrieben).

Lebensweise: Im Wasser tag- und nachtaktiv, während des Landlebens jedoch nur nachtaktiv.

Nahrung: Kerbtiere, Würmer und Schnecken.

Lebensraum: Der Marmormolch meidet höhere Lagen, ist in bezug auf das Laichgewässer nicht sehr wählerisch und selbst mit temporären Wassergräben zufrieden. Im Süden auch in Zisternen anzutreffen. Während des Landaufenthaltes lebt er auch an ziemlich trockenen Stellen.

Verbreitung: Iberische Halbinsel und Frankreich.

Grottenolm

Wissenschaftlicher Name:
Proteus anguinus
Familie: Olme.
Kennzeichen: 20–25 cm.
Der extrem langgestreckte,
weiß- bis fleischfarbene Körper wird von weit ausein-
anderliegenden, dünnen
Beinchen (mit vorne drei
und hinten zwei Zehen)
getragen. Die äußeren
Kiemenbüschel, in denen
das Blut rot durchschim-
mert, bleiben zeitlebens
erhalten und können selbst
durch Hormongaben nicht
zum Verschwinden
gebracht werden. Die
Augen sind zu unschein-
baren Punkten verkümmert
und nur zum Hell-Dunkel-
Sehen fähig.
Lebensweise: Der Grotten-
olm lebt unterirdisch und
wühlt im lehmigen Schlamm
flacher Höhlengewässer.
Die Entwicklung scheint
sehr variabel zu sein. Ent-
weder werden 12–70 große
Eier abgelegt oder 2 fertig
entwickelte Junge geboren.
Nahrung: Sucht im Schlamm

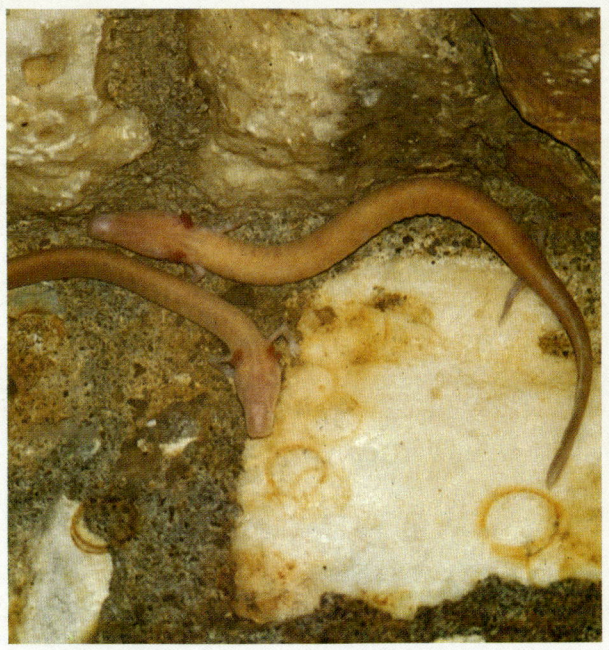

der Höhlengewässer nur mit Hilfe des Geruch- und Tastsinnes nach Kleinkrebsen und Würmern. Grottenolme sind genügsam und überstehen auf Grund der tiefen Wassertemperaturen lange Hungerzeiten.

Lebensraum: Ausschließlich in unterirdischen Gewässern von Karsthöhlen, die eine Temperatur von 10°C nicht übersteigen. Gelegentlich gelangen Grottenolme durch Hochwasser in oberirdische Wasserläufe, wo sie jedoch nicht lebensfähig sind. In den Höhlen werden sie von keinem Feind bedroht.

Verbreitung: Östliche Adriaküste von Nordostitalien bis Montenegro. Beim Besuch der Adelsberger Grotte (zwischen Laibach und Triest) können im Rahmen der Führungen Grottenolme besichtigt werden.

Männliche Molche werben mit ihrem prächtigen Hochzeitskleid um die Gunst der Weibchen. Den Rücken zu einem Katzenbuckel gekrümmt, wird die hintere Schwanzhälfte parallel zum Körper geschlagen, um dem Weibchen mit rhythmisch schlängelnden Bewegungen Duftstoffe der während der Fortpflanzungszeit stark angeschwollenen Kloake zuzufächeln (das Bild zeigt ein Kammmolchpaar). Dieser oft Wochen dauernde Vorgang kann sehr gut im Aquarium beobachtet werden. Auf dem Höhepunkt der Balz setzt das Männchen einen gallertigen Samenträger ab, der an der Kloake des darüberkriechenden Weibchens hängenbleibt. Die Spermien wandern in die Kloake, bleiben in der Samentasche monatelang lebensfähig und befruchten das Ei vor seiner Ablage.

Einige Tage nach Aufnahme der Spermien beginnen die dickbauchigen Weibchen mit der Eiablage. Dabei wird bei frei ins Wasser ragendem Vorderkörper das Blatt einer Wasserpflanze mit den Hinterbeinen festgehalten, ein Ei hineingelegt und das Blatt winkelig geknickt (das Bild zeigt einen Alpenmolch bei diesem Vorgang). Durch die klebrige Gallerthülle bleibt das Blatt gefaltet und bietet dem Ei einen gewissen Schutz vor Räubern (selbst die Eltern betätigen sich als Laichräuber). Innerhalb mehrerer Tage werden auf diese Weise bis zu 500 Eier abgelegt und sorgfältig getarnt. Die Embryonalentwicklung verläuft langsamer als bei Froschlurchen (2–3 Wochen) und kann mit Hilfe einer Lupe leicht im Aquarium oder in einer flachen Schale verfolgt werden. Manche Arten bleiben nach der Fortpflanzung noch einige Zeit im Wasser.

Molchlarven

Die frisch geschlüpften, hell gefärbten Molchlarven heften sich zunächst mit den zwei Klebestielen des Kopfes an Wasserpflanzen fest. In dieser Ruhephase werden Sinnesorgane, Kiemenbüschel und Vorderbeine vervollständigt. Nach Aufbrauchen des restlichen Dottervorrates ernähren sich die Larven zunächst von Einzellern, später von anderen, ihrer jeweiligen Größe entsprechenden Wassertieren (im Gegensatz zu Kaulquappen). Bald schon erscheinen auch die Hinterbeine, so daß sie sich im wesentlichen nur noch durch ihre äußeren Kiemenbüschel von den Erwachsenen unterscheiden. Auch die Lungen entwickeln sich bereits in einem mittleren Entwicklungsstadium (erkenntlich am Luftschnappen der Larven). Die spätere Umwandlung zum fertigen Molch ist daher weniger auffällig als bei den Froschlurchen.

Zur Biologie der Amphibien

Das auffallendste Merkmal der Amphibien ist ihre nackte, drüsenreiche und daher meist kühl und feucht anzufassende Haut. Bereits vor vielen Millionen Jahren haben sich die Amphibien aus fischähnlichen Wirbeltieren, die dem Wasser entstiegen sind, entwickelt und noch heute sind sie von diesem Element weitgehend abhängig. Ihre nur von einem dünnen, in regelmäßigen Abständen abgeworfenen und wieder erneuerten Hornhäutchen geschützte Oberfläche ist nicht in der Lage, den Körper vor dem Austrocknen zu schützen. Deshalb leben viele dieser Tiere »amphibisch« – zwischen Wasser und Land. Selbst die wenigen Arten, die sich an das Leben in Trockengebieten angepaßt haben, müssen den heißen Tag und längere Trockenperioden vergraben im feuchten, kühlen Boden verbringen und kommen erst bei Regen oder in taureichen Nächten zum Vorschein.

Während der Entwicklung kommt die Abhängigkeit vom nassen Element noch deutlicher zum Tragen. In der Regel verläuft sowohl Embryonal- als auch Larvalentwicklung im Wasser. Gerade diese Eigenschaft erweist sich als großes Problem unserer Zeit, in welcher der Lebensraum der Amphibien in einem bereits bedrohlichen Ausmaß eingeschränkt wird. Nur eine heimische Art, der Alpensalamander, entzieht sich durch eine vollständige Larvalentwicklung im mütterlichen Körper diesem Gesetz.

Die Haut der Amphibien ist nicht nur feucht, sondern auch mit Giftdrüsen ausgestattet, die bei manchen Arten in Warzen und Drüsenwülsten konzentriert auftreten. Die verschiedenen Komponenten des Hautgiftes bewirken besonders bei Säugetieren neben Reizung der Schleimhäute Übelkeit, Brechreiz und in schweren Fällen Beeinträchtigungen der Atem- und Herztätigkeit. Andere Räuber hingegen, wie etwa die Ringelnatter, sind offensichtlich unempfindlich gegen dieses Hautgift; Amphibien gehören zu ihrer Vorzugsnahrung.

Die stark durchblutete Amphibienhaut ist auch ein wichtiges Atmungsorgan, das bei tiefen Temperaturen den Körper mit ausreichend Sauerstoff versorgt. Kohlendioxid wird selbst bei hohen Temperaturen in erster Linie über die Haut ausgeschieden. Die Lunge ist relativ einfach gebaut, vor allem bei Schwanzlurchen, wo sie sogar vollkommen rückgebildet sein kann. Sie deckt bei steigenden Temperaturen den erhöhten Sauerstoffbedarf des Körpers. Lungenlose Salamander sind deshalb bei höheren Temperaturen nicht lebensfähig. Schließlich trägt auch noch die Mundhöhlenatmung, sichtbar an der je nach Temperatur langsam oder schnell vibrierenden Kehle, zur Sauerstoffversorgung bei. Bei wasserlebenden Larven und einigen erwachsenen Schwanzlurchen ist die Kieme das wichtigste Atmungsorgan.

Wie bereits vermerkt, hängt bei Amphibien die Intensität des Stoffwechsels von der Außentemperatur ab. Da diese Wirbeltiergruppe im Gegensatz zu Vögeln und Säugetieren weder einen körpereigenen »Thermostat« noch eine äußere Isolierschicht besitzt, die die Körperwärme speichert, ist ihre Innentemperatur mehr oder minder an die Umgebungstemperatur angeglichen. Diese Eigenschaft zwingt sie auch zur Inaktivität während der kalten Jahreszeit. Zur Überwinterung ist natürlich ein frostsicherer Platz in der Erde oder am Grund von Gewässern erforderlich. Trotzdem sind Amphibien keineswegs nur Spielball der Umwelt. Durch Verdunstung von Wasser kann, vor allem bei geringer Luftfeuchtigkeit und Wind, die Körpertemperatur um einige Grade gesenkt werden. Wärmeliebende Arten nützen hingegen die Sonnenenergie. Durch mehrfachen Wechsel zwischen Sonne und Wasser oder Schatten kann während eines sonnigen Tages die Vorzugstemperatur konstant gehalten werden.

Trotz ihrer Abhängigkeit von Wasser und Umgebungstemperatur haben Amphibien eine Vielzahl von Lebensräumen erobert. Sie sind in den kalten Regionen Nordeuropas und der Hochgebirge genauso zu Hause wie in heißen und trockenen Zonen des Mittelmeerraumes. Ihre ökologischen Nischen reichen von den Kronen der Bäume und Büsche bis tief unter die Erdoberfläche, ja sogar in unterirdische Höhlensysteme. Sie sind in Gebirgsbächen, tiefen, von der Umwelt isolierten Zisternen oder an glühenden, salzigen Stranddünen Südeuropas genauso zu finden wie im Uferbereich großer Seen oder in temporären Pfützen und wassergefüllten Radspuren. Nur an eines können sie sich nicht anpassen, an trockengelegte Laichgewässer.